NEW MARIMBA PARTNER

NEW マリンバ パートナー

野口道子 編著

vol. 2

KYODO-MUSIC

はじめに

　この度「マリンバ パートナー・シリーズ」の全編を見直し、「New マリンバ パートナーシリーズ」として編纂し直す運びとなりました。「マリンバ パートナー・シリーズ」の発刊から22年。「マリンバ パートナー・シリーズ」で勉強した生徒さんが、今はマリンバを指導する側になっているという話も時折耳にします。それだけの長い間ご愛用いただき、本シリーズを支えて下った皆様には感謝の念しかありません。

　当時はインターネットも携帯電話も一般には殆ど普及しておらず、勿論 YouTube などもありませんでした。今はインターネットや携帯電話とは切っても切り離せない時代。音楽を取り巻く環境も大きく変化してきてはいますが、「マリンバを学ぶ皆さんが美しい唄、軽やかなリズムを奏でながら、音楽の素晴らしさ、演奏の楽しさを体得していくための最善のツールでありたい」との私自身の本シリーズに対する思いやスタンスは22年前と全く変わっておりません。ですので、2002年初版時に書いた「前書き」を、殆どそのまま以下に記させていただくことと致します。

　私は予てから子どもたちが楽しんで学ぶことができるグレード別の曲集がほしいと思っておりました。個々のレベルに合った曲を学ぶことはリズム感、表現力、音楽的発想等を引き出す上でとても大切なことです。また自分の進度を把握し、一曲ずつレパートリーを広げていく喜びは、向上心を育むことにもつながるでしょう。

　このマリンバパートナー・シリーズは、できるだけ子どもたちに親しみやすく、耳なじみのあるクラシック作品を中心に、世界中の民謡、ミュージカルにも範囲を広げ、それらを段階別に収めた曲集です。編曲に関しては、クラシックはオーソドックスに、民謡、ポピュラーにはジャズ、ラテンのリズム等も加味したモダンさも加味しました。また各樂曲がどこの国のどの時代のものかといった地理的、歴史的興味を持って、広い視点から音楽を学べるよう国名、年代を示し、また主要な作曲家には簡単な解説も付けました。

　マリンバは、楽譜と鍵盤を同時に見ながら演奏するという独特のスタイルが要求されるため、初級者にはそれを定着させるのが難しいという点がしばしば指摘されます。言うまでもなく、読譜力は中、上級に至るスムーズなレッスンの進行に不可欠ですから、確かな読譜力へのプロセスに重点を置いたレッスンを行っていくことも大切です。マリンバパート譜のはじめに付録したリズム・トレーニングは、リズムの仕組みを正しく理解するためだけではなく、楽譜を読みながら演奏するスタイルを自然に身に着けていく効果もあります。楽曲の練習の合間に是非活用してください。

　また各曲にソフト、ミディアム、ハード3種類のマレットの硬さを表示しました。マレットは普段からできれば数種類を用意し、曲の表情を的確につかみ、知的な理解力や情操も培っていただきたいと思います。（2002年4月）

　今後また数十年、マリンバの美しく優しい音色で奏でられる音楽が、多くの人の心を弾ませ、癒し、明かりを灯しながら、繋がって行きますように。

2025年1月　野口道子

CONTENTS

			ピアノ譜	パート譜
オオカミなんてこわくない 『三匹の子ぶた』より "Who's Afraid of the Big Bad Wolf" from Three Little Pigs	F. Churchill		4	10
チロリアンヌ Tyrolienne	J. Runmmel		6	11
エーデルワイス Edelweiss	R. Rodgers		8	12
ドレミの歌 Do-Re-Mi	R. Rodgers		12	14
となりのトトロ 映画「となりのトトロ」より My Neighbor Totoro	久石　譲 Joh Hisaishi		17	16
金婚式 La Cinquantaine	G. Marie		20	18
ギャロップ 組曲『道化師』より Gallop from "The Comedians"	D.B. Kabalevsky		24	20
クシコス・ポスト Csikos Post	H. Necke		28	22
アマリリス Amaryllis	J. Ghys		32	24
狩人の合唱 歌劇『魔弾の射手』より Jägerchor from "Der Freischütz"	C.M.v. Weber		35	26
いつか王子さまが『白雪姫と7人の小人』より "Someday My Prince Will Come" from Snow White and the Seven Dwarfs	F. Churchill		38	28
のばら Heidenröslein	H. Werner		40	29
のばら Heidenröslein	F. Schubert		41	29
ミュゼット「アンナ・マグダレーナ・バッハ の音楽帳」より Musette in D major, BWV Anh. 126	J. S. Bach		42	30
アレグロ ヘ長調 Klavierstuck in F KV33b	W. A. Mozart		43	31
かっこう鳥のうた Cuckoo Song	W. Popp		44	32
パレード・マーチ Parade March	H. Lichner		49	34
ピチカート・ポルカ Pizzicato Polka	Johann and Josef Strauss		52	36
時の踊り 歌劇『ジョコンダ』より Danza dell'ore from "La Gioconda"	A. Ponchielli		56	38
カプリ島 Isle of Capri	W. Grosz (Hugh Williams)		58	40
ラ・パロマ La Paloma	S. Yradier		61	42
パパゲーノのアリア「私は鳥刺し」オペラ「魔笛」より Arie - Der Vogelfanger bin ich ja "Die Zauberflote (The Magic Flute)"	W. A. Mozart		64	43
グリーン・スリーブス Green Sleeves	イングランド民謡 England traditional		66	44

チロリアンヌ

Tyrolienne

Joseph Runmmel
ドイツ（1818〜1880）

★チロリアンヌとはオーストリアの西部、チロル地方の舞曲のことです。

エーデルワイス

Edelweiss

Richard Rodgers
アメリカ(1902〜1979)

EDELWEISS
Richard Rodgers / Oscar Hammerstein II
© Williamson Music Company
The Rights For Japan Licensed to Sony Music Publishing (Japan) Inc.

★エーデルワイスはヨーロッパのアルプス地方に咲く小さな白い花の名前です。標高の高いところに咲くため花びらは綿毛におおわれています。

ドレミの歌

Do-Re-Mi

Richard Rodgers
アメリカ(1902〜1979)

DO RE MI
Richard Rodgers / Oscar Hammerstein II
© Williamson Music Company
The rights for Japan licensed to Sony Music Publishing (Japan) Inc.

★『ドレミの歌』、『エーデルワイス』は共にブロードウェイミュージカル『サウンド・オブ・ミュージック』（1959年）のために書かれました。1965年映画化され、世界中で歌われるようになりました。

となりのトトロ 映画「となりのトトロ」より
My Neighbor Totoro

久石　譲
日本（1950〜）

金婚式
La Cinquantaine

Gabriel Marie
フランス(1852〜1928)

★原題の『La Cinquantaine』はフランス語で数字の50のこと。つまり結婚して50年目にあげるお祝いの式（金婚式）を意味します。

ギャロップ 組曲『道化師』より
Gallop from "The Comedians"

Domitry B. Kabalevsky
ロシア(1904〜1987)

★このギャロップはカバレフスキーが子供のために書いた組曲『道化師』(全10曲)の中の1曲です。ギャロップとは馬が走る時のようなテンポの速い踊りの曲のことです。(マリンバパート譜8ページ)もあわせて練習してください。

Dmitry Borisovich Kabalevsky : Gallop op.26-2 from the Comedians Suite
Copyright by Le Chant du Monde
Assigned to Zen-On Music Company Ltd. for Japan

クシコス・ポスト

Csikos Post

Herman Necke
ドイツ(1850〜1912)

★クシコスとはハンガリー地方の荒馬を乗りこなし馬の群れを移動させる男たちのことで、ポストは郵便。つまり馬車を走らせ郵便を運ぶ、彼らの
　エネルギッシュな様子を描いた曲です。グリッサンドは馬にあてるムチをイメージしてください。

D.C. al Coda

アマリリス

Amaryllis

Jodeph. Ghys
ベルギー（1801〜1848）

★アマリリスは花の名前です。南アメリカが原産の球根草花で、赤、オレンジ、ピンク、白などの美しい花が咲きます。

Piano 32

ミュゼット 「アンナ・マグダレーナ・バッハ の音楽帳」より

Musette in D major, BWV Anh. 126

Johann Sebastian Bach
ドイツ(1685〜1750)

★≪ニ長調のミュゼット≫はJ.S.バッハの《アンナ・マグダレーナ・バッハの音楽帳》に収められている作品です。「ミュゼット」とは17、18世紀フランス地方の民俗楽器（バグパイプの一種）のことです。また、「牧歌的でのどかな田舎風の旋律による楽曲」という意味もあります。

アレグロ ヘ長調

Klavierstuck in F KV33b

Wolfgang Amadeus Mozart
オーストリア(1756〜1791)

※ この小品 ヘ長調 KV33 B は、モーツァルトが9才の1766年9月に、チューリッヒ音楽大学で催されたイベントの折に鉛筆で書きとめた作品で、現在チューリッヒ中央図書館に所蔵されています。

かっこう鳥のうた
Cuckoo Song

Wilhelm Popp
ドイツ(1828〜1903)

ピチカート・ポルカ
Pizzicato Polka

Johann and Josef Strauss
オーストリア(1825〜1899,1827〜1870)

★ピチカートとは、弦を指ではじく奏法のことです。原曲は弦楽五重奏の編成で、全曲がピチカートのみで演奏されます。

カプリ島
Isle of Capri

Wilhelm Grosz (Hugh Williams)
オーストリア(1894〜1939)

★カプリ島は南イタリア、ナポリ湾に浮かぶ周囲17キロほどの小さな島です。この曲は1934年にヨーロッパで生まれましたが、その親しみやすいメロディーから、世界中でヒットし、現在ではハワイアンや、ラテン音楽のスタンダードナンバーとして親しまれています。

パパゲーノのアリア「私は鳥刺し」 オペラ「魔笛」より

Arie - Der Vogelfanger bin ich ja "Die Zauberflote (The Magic Flute)"

Wolfgang Amadeus Mozart
オーストリア(1756〜1791)

★『魔笛』はモーツァルトが、最晩年の1791年に、知人であったウイーン郊外のアウフ・デア・ヴィーデン劇場の座長シカネーダーの依頼によって書かれたドイツ語によるオペラ（ジンクシュピール＝歌芝居）です。『魔笛』とは、主人公の王子（タミーノ）が姫（パミーナ）救出のために与えられた身を守る〈魔法の笛〉のことです。王子のお供のお調子者の鳥刺しパパゲーノには〈魔法の銀の鈴〉が与えられ、2人は囚われの姫の救出に向かいます。鳥刺し（とりさし）とは、鳥類を捕まえる人（当時は職業として成り立っていた）のことです。

グリーン・スリーブス
Green Sleeves

イングランド民謡

★『グリーン・スリーヴス』は大変古いイングランドの歌で、口頭伝承で受け継がれ、17世紀には広く知られる曲となりました。「Green Sleeves」は訳すと「緑の袖」。緑衣の婦人への恋を歌ったものです。
〜 想い出なつかし緑の小袖よ、つれなき別れのさびしき想い出　緑の小袖よ　はるけき想い出　わが胸に 〜

野口 道子　Michiko Noguchi　　公式ウェブサイト：http://michiko-noguchi.net/

4歳よりピアノ、12歳よりマリンバを習い始める。マリンバを井上典子氏、高橋美智子氏に師事。
武蔵野音楽大学卒業、同大学院終了。卒業時、卒業演奏会、新人演奏会に出演。最優秀生として皇居桃華楽堂における新人演奏会にも出演。
在学中より都内複数のプロ・オーケストラに鍵盤打楽器奏者として出演。
大学院在学中に文化庁助成日本音楽集団のヨーロッパ公演に参加、ギリシャ、イタリア、スペイン、旧ユーゴスラビア（現ボスニア・ヘルツェゴビナ、セルビア共和国、スロベニア）ルクセンブルク、フランスの各国で演奏。
在学中より「シュテルン室内アンサンブル」のメンバーとして全国各地で演奏活動。
大学院在学中に吉川雅夫、卜部茂子氏と東京マリンバ・トリオを結成し、全国で数十回に及ぶリサイタルやコンサートを開催。2003年にはアメリカ各地で公演。
TV「題名のない音楽会」、NHK「FMコンサート」、NHK教育テレビ番組などに多数ゲスト出演。オーチャードホールにて東京フィルハーモニーと共演。
スタジオ・ミュージシャンとしてTV音楽番組のレギュラー鍵盤奏者を20年以上務める。
編曲活動にも力を入れ、子供から大人用、教育用からコンサート レパートリー、ソロ、Duo、アンサンブル、バイオリンやフルート用など、出版楽譜は40冊を超えている。
2003年より吉川雅夫氏のデュオ・リサイタルを4年連続で開催
2009年 佐々木達夫氏と "Marimba-Duo" を結成　CD「Riverdance」、2011年 CD「Tempest」をリリース
2019年 佐々木達夫、名倉誠、中田麦氏らと CD「Back to Bach」をリリース

CD「シャレード」（ビクター VICC-139）東京マリンバ・トリオ（ビクター）
　　「The Enka」東京マリンバ・トリオ（コロンビア）
　　「Riverdance（リバーダンス）」The Marimba Duo , HERICON RECORDS,LTD, 2009年
　　「Tempest（テンペスト）」The Marimba Duo , HERICON RECORDS,LTD, 2011年
　　「Back to Bach（バック トゥ バッハ）A LM RECORDS 2019年

著書「マリンバ パートナー」シリーズ Vol.1 〜 Vol.8（共同音楽出版社）
　　「マリンバ プライマリー」（共同音楽出版社）
　　「ジョイフル・メロディー」Vol.1、2（共同音楽出版社）
　　「マリンバ デュオ」Vol.1、2、3　マリンバ デュオ & パーカッション「リバーダンス」（共同音楽出版社）
　　「マリンバ フェバリッツ」Vol.1、2、3（共同音楽出版社）
　　「マリンバ アンサンブル」Vol.1、2（共同音楽出版社）
　　「バイオリン パートナー」シリーズ　Grade A1、A2、B1、B2、B3、C1、C2（共同音楽出版社）
　　「フルート パートナー」シリーズ　Grade A1、A2、B1、B2、B3、C1、C2（共同音楽出版社）
　　「バッハ オン マリンバ」（共同音楽出版社）
　　「マリンバ パートナー コンサートレパートリー Vol.1」（共同音楽出版社）
　　「フルート パートナー ビギナーズ」（共同音楽出版社）
　　「フルート パートナー コンサートレパートリー」（共同音楽出版社）を発売中

表紙デザイン：エルコンパス　田中里佳

New マリンバ パートナー vol.2
2025年2月20日初版発行
編著者　野口道子 © 2025
発行者　豊田治男
発行所　株式会社共同音楽出版社
　　　　〒171-0051　東京都豊島区長崎3-19-1
　　　　電話03-5926-4011
印刷製本　株式会社エデュプレス
充分注意しておりますが、乱丁・落丁は本社にてお取替えいたします。
日本音楽著作権協会（出）許諾第2500606-501号　　D

皆様へのお願い
　楽譜や歌詞・音楽書などの出版物を著作権者に無断で複製（コピー）することは、著作権の侵害（私的利用など特別な場合を除く）にあたり著作権法により罰せられます。
　また、出版物からの不法なコピーが行われますと出版社は正常な出版活動が困難となり、ついには皆様方が必要とされるものも出版できなくなります。
　音楽出版社と日本音楽著作権協会（JASRAC）は著作権の権利を守り、なおいっそう優れた作品の出版普及に全力をあげて努力してまいります。
　どうか不法コピーの防止に、皆様方のご協力をお願い申し上げます。
　　　　　　　　　　　　　　　株式会社共同音楽出版社
　　　　　　　　　　　　　　　一般社団法人日本音楽著作権協会

NEW MARIMBA PARTNER

NEW マリンバパートナー

野口道子 編著

vol.
2

KYODO-MUSIC

CONTENTS

《リズム・トレーニングの練習について》 —————————————————— 2

1. 4分，2分，付点2分音符にかかるタイ，シンコペーション ——————— 3

2. 16分音符（♪） —————————————————————————— 4

3. 4分の3拍子 —————————————————————————— 5

4. 8分休符（ ） ————————————————————————— 6

5. 8分の6拍子 —————————————————————————— 7

6. 16分音符（♪） —————————————————————————— 8

7. 3連符 ————————————————————————————— 9

オオカミなんてこわくない 『三匹の子ぶた』より ——— F. Churchill ————— 10
"Who's Afraid of the Big Bad Wolf" from Three Little Pigs

チロリアンヌ ————————————————— J. Runmmel ————— 11
Tyrolienne

エーデルワイス ———————————————— R. Rodgers ————— 12
Edelweiss

ドレミの歌 ——————————————————— R. Rodgers ————— 14
Do-Re-Mi

となりのトトロ 映画「となりのトトロ」より ——— 久石 譲 ————— 16
My Neighbor Totoro   Joh Hisaishi

金婚式 ————————————————————— G. Marie ————— 18
La Cinquantaine

ギャロップ 組曲『道化師』より ———————— D.B. Kabalevsky ————— 20
Gallop from "The Comedians"

クシコス・ポスト ——————————————— H. Necke ————— 22
Csikos Post

アマリリス ——————————————————— J. Ghys ————— 24
Amaryllis

狩人の合唱 歌劇『魔弾の射手』より ————— C.M.v. Weber ————— 26
Jägerchor from "Der Freischütz"

いつか王子さまが 『白雪姫と7人の小人』より —— F. Churchill ————— 28
"Someday My Prince Will Come" from Snow White and the Seven Dwarfs

のばら ————————————————————— H. Werner ————— 29
Heidenröslein

のばら ————————————————————— F. Schubert ————— 29
Heidenröslein

ミュゼット 「アンナ・マグダレーナ・バッハ の音楽帳」より J. S. Bach ————— 30
Musette in D major, BWV Anh. 126

アレグロ ヘ長調 ——————————————— W.A. Mozart ————— 31
Klavierstuck in F KV33b

かっこう鳥のうた —————————————— W. Popp ————— 32
Cuckoo Song

パレード・マーチ —————————————— H. Lichner ————— 34
Parade March

ピチカート・ポルカ ————————————— Johann and Josef Strauss ——— 36
Pizzicato Polka

時の踊り 歌劇『ジョコンダ』より ————— A. Ponchielli ————— 38
Danza dell'ore from "La Gioconda"

カプリ島 ——————————————————— W. Grosz (Hugh Williams) ———— 40
Isle of Capri

ラ・パロマ —————————————————— S. Yradier ————— 42
La Paloma

パパゲーノのアリア「私は鳥刺し」オペラ「魔笛」より W.A. Mozart ————— 43
Arie - Der Vogelfanger bin ich ja "Die Zauberflote (The Magic Flute)"

グリーン・スリーブス ———————————— イングランド民謡 ————— 44
Green Sleeves   England traditional

《リズム・トレーニングの練習について》

☆ メトロノームやリズムマシンをつかって練習しましょう。

☆ テンポは３つ表示しました。はじめは左のゆっくりしたテンポで１段ずつ、それができたら２段、３段〜８段とつづけてひきましょう。そして少しずつテンポを上げ中央のテンポ、さらに最終的には右の速いテンポ（目標値）で１ページ通してひけるようになるまでくり返し練習して下さい。

☆ 段のかわり目でリズムがくずれないように注意しましょう。

☆ Ｒは右手、Ｌは左手です。手順については強拍に右手がくるように指定しましたが、よゆうのある人は逆の手順も練習するとよいでしょう。

☆ 左右の音色をそろえて１音１音しっかりとしたタッチでひくことをつねに心がけましょう。

《音符と休符》

音符	名前		４分音符を［１］としたときの長さ	休符	名前
o	全音符	4		▬	全休符
♩	２分音符	2		▬	２分休符
♩	４分音符	1		𝄽	４分休符
♪	８分音符	$\frac{1}{2}$		𝄾	８分休符
♬	16 分音符	$\frac{1}{4}$		𝄿	16 分休符
o.	付点全音符	4 + 2	o + ♩	▬·	付点全休符
♩.	付点２分音符	2 + 1	♩ + ♩	▬·	付点２分休符
♩.	付点４分音符	$1 + \frac{1}{2}$	♩ + ♪	𝄽·	付点４分休符
♪.	付点８分音符	$\frac{1}{2} + \frac{1}{4}$	♪ + ♬	𝄾·	付点８分休符

1. 4分,2分,付点2分音符にかかるタイ,シンコペーション

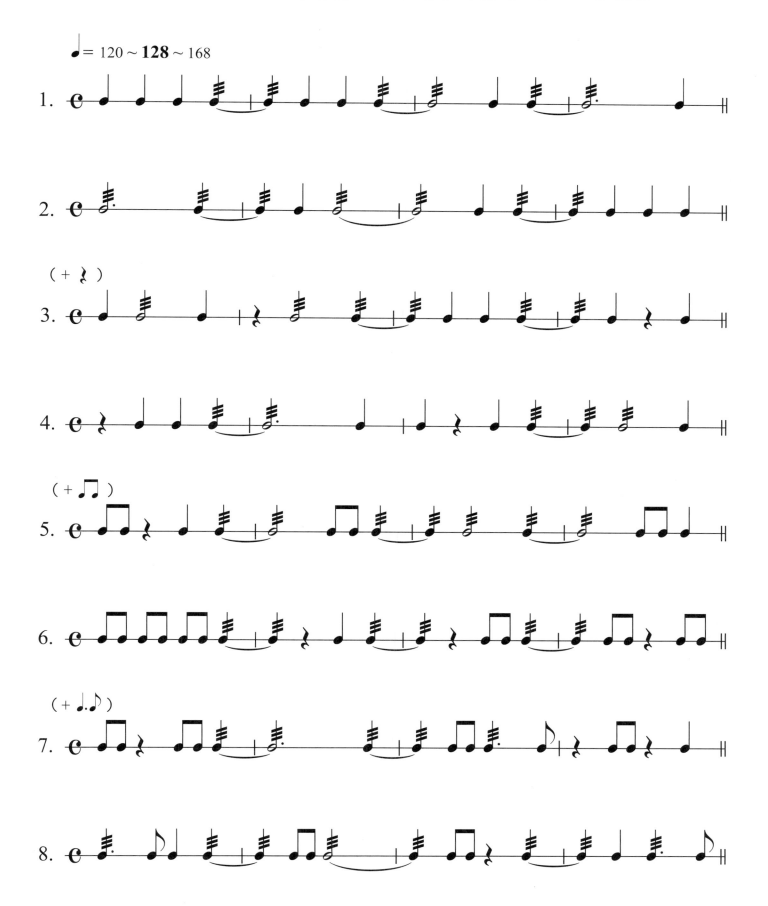

2. 16分音符(♪)

♩♪♪♪ の練習
RLRL

♩ = 97 ~ **114** ~ 150

(♩ と ♪♪♪♪)

1. [musical notation]
R R   R R

(+ ♪♪)

2. [musical notation]

3. [musical notation]

(+ ♩)

4. [musical notation]

5. [musical notation]

(+ ♩.♪)

6. [musical notation]
L   L

(+ ♩ と ━)

7. [musical notation]

(+ ♩.)

8. [musical notation]

Marimba 4

3. 4分の3拍子

Marimba 5

5. 8分の6拍子

8分休符（ 7 ）の練習

Marimba 7

6. 16分音符 (♪)

Marimba 8

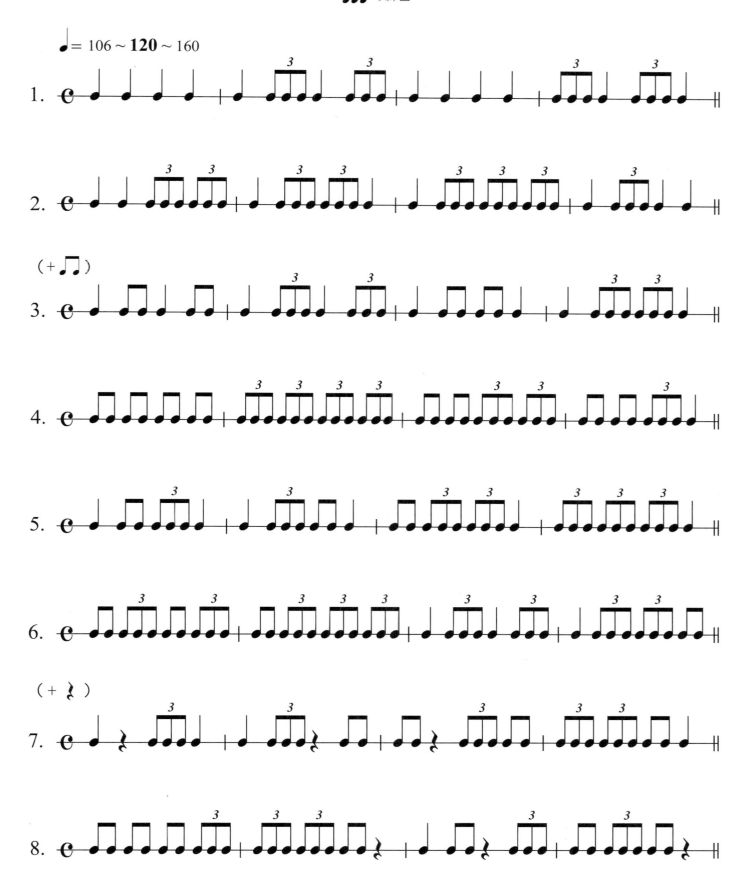

オオカミなんてこわくない 『三匹の子ぶた』より

"Who's Afraid of the Big Bad Wolf" from Three Little Pigs

チャーチル
Frank Churchill
アメリカ（1901～1942）
Arr. by Michiko Noguchi

Marimba 10

チロリアンヌ

Tyrolienne

ルンメル
Joseph Runmmel
ドイツ(1818〜1880)

★チロリアンヌとはオーストリアの西部、チロル地方の舞曲のことです。

ドレミの歌

Do-Re-Mi

ロジャース
Richard Rodgers
アメリカ(1902〜1979)

★『ドレミの歌』、『エーデルワイス』は共にブロードウェイミュージカル『サウンド・オブ・ミュージック』（1959年）のために書かれました。
1965年映画化され、世界中で歌われるようになりました。

DO RE MI
Richard Rodgers / Oscar Hammerstein II
© Williamson Music Company
The rights for Japan licensed to Sony Music Publishing (Japan) Inc.

となりのトトロ 映画「となりのトトロ」より

My Neighbor Totoro

久石 譲
日本（1950〜）

クシコス・ポスト

Csikos Post

ネッケ
Herman Necke
ドイツ（1850〜1912）

★クシコスとはハンガリー地方の荒馬を乗りこなし馬の群れを移動させる男たちのことで、ポストは郵便。つまり馬車を走らせ郵便を運ぶ、彼らのエネルギッシュな様子を描いた曲です。グリッサンドは馬にあてるムチをイメージしてください。

アマリリス

Amaryllis

ギース
Jodeph. Ghys
ベルギー（1801～1848）

★アマリリスは花の名前です。南アメリカが原産の球根草花で、赤、オレンジ、ピンク、白などの美しい花が咲きます。

狩人の合唱 歌劇『魔弾の射手』より

Jägerchor from "Der Freischütz"

ウェーバー
Carl Maria von Weber
ドイツ（1786〜1826）

★『魔弾の射手』はウェーバーの代表作です。彼は18才から40才で亡くなるまで歌劇場の指揮者として過ごし、ドイツ国民歌劇の伝統を確立することに情熱をかたむけました。ピアノの名手でもあり、『舞踏への勧誘』などのピアノ曲もよく知られています。

のばら
Heidenröslein

ウェルナー
Heinrich Werner
ドイツ(1800〜1833)

のばら
Heidenröslein

シューベルト
Franz Schubert
オーストリア(1797〜1828)

★ドイツの詩人ゲーテの詩『野ばら』には多くの作曲家が曲を付けていますが、このウェルナーとシューベルトの2曲が最も有名です。
ゲーテが21才の時滞在したゼーゼンハイムで、牧師の娘フリデリーケとの恋に落ちます。そして書かれたのが『五月のうた』やこの『野ばら』などの作品です。
大意：少年が赤い美しい小ばらを見、かけよりながめる。少年は言った「お前を折るよ」。小ばらは言った「私は折られたくありません。
私はあなたを刺します。いつまでも私を忘れぬように」けれど少年は折った。小ばらは逆らい、そして刺した。
しかし、ため息のかいもなく小ばらは折られてしまった。

ミュゼット 「アンナ・マグダレーナ・バッハ の音楽帳」より

バッハ

Musette in D major, BWV Anh. 126

Johann Sebastian Bach
ドイツ(1685〜1750)

★《ニ長調のミュゼット》はJ.S.バッハの《アンナ・マグダレーナ・バッハの音楽帳》に収められている作品です。「ミュゼット」とは17、18世紀フランス地方の民俗楽器（バグパイプの一種）のことです。また、「牧歌的でのどかな田舎風の旋律による楽曲」という意味もあります。

アレグロ ヘ長調

モーツァルト

Klavierstuck in F KV33b

Wolfgang Amadeus Mozart
オーストリア（1756～1791）

※ この小品 ヘ長調 KV33 B は、モーツァルトが9才の1766年9月に、チューリッヒ音楽大学で催されたイベントの折に鉛筆で書きとめた作品で、現在チューリッヒ中央図書館に所蔵されています。

かっこう鳥のうた
Cuckoo Song

Wilhelm Popp
ドイツ（1828〜1903）

ピチカート・ポルカ
Pizzicato Polka

ヨハン　ヨゼフ シュトラウス
Johann and Josef Strauss
オーストリア（1825〜1899,1827〜1870）

★ピチカートとは、弦を指ではじく奏法のことです。原曲は弦楽五重奏の編成で、全曲がピチカートのみで演奏されます。

時の踊り 歌劇『ジョコンダ』より

Danza dell'ore from "La Gioconda"

ポンキエッリ
Amilcare Ponchielli
イタリア（1834〜1886）

カプリ島
Isle of Capri

グロース
Wilhelm Grosz (Hugh Williams)
オーストリア（1894〜1939）

★カプリ島は南イタリア、ナポリ湾に浮かぶ周囲17キロほどの小さな島です。この曲は1934年にヨーロッパで生まれましたが、その親しみやすいメロディーから、世界中でヒットし、現在ではハワイアンや、ラテン音楽のスタンダードナンバーとして親しまれています。

パパゲーノのアリア「私は鳥刺し」 オペラ「魔笛」より

Arie - Der Vogelfanger bin ich ja "Die Zauberflote (The Magic Flute)"

モーツァルト
Wolfgang Amadeus Mozart
オーストリア（1756〜1791）

★『魔笛』はモーツァルトが、最晩年の1791年に、知人であったウイーン郊外のアウフ・デア・ヴィーデン劇場の座長シカネーダーの依頼によって書かれたドイツ語によるオペラ（ジンクシュピール＝歌芝居）です。『魔笛』とは、主人公の王子（タミーノ）が姫（パミーナ）救出のために与えられた身を守る〈魔法の笛〉のことです。王子のお供のお調子者の鳥刺しパパゲーノには〈魔法の銀の鈴〉が与えられ、2人は囚われの姫の救出に向かいます。鳥刺し（とりさし）とは、鳥類を捕まえる人（当時は職業として成り立っていた）のことです。

グリーン・スリーブス
Green Sleeves

イングランド民謡

★『グリーン・スリーヴス』は大変古いイングランドの歌で、口頭伝承で受け継がれ、17世紀には広く知られる曲となりました。
「Green Sleeves」は訳すと「緑の袖」。緑衣の婦人への恋を歌ったものです。
～ 想い出なつかし緑の小袖よ、つれなき別れのさびしき想い出　緑の小袖よ　はるけき想い出　わが胸に ～